Gedanken der Gefühle

von

Camron

Manchmal ist es nicht leicht....

die richtigen Worte zu finden,
das für jeden Menschen zutreffend ist.
Aber ich bin wie ich bin,
versuche meine Texte kurz zu halten,
bin sehr offen beim
Schreiben, viele Dinge die keiner aussprechen
möchte,
wenn es um Liebe oder um Sehnsucht geht.
Das sind gewagte und traurige Themen, die ans Herz
gehen,
und sich in der Seele verlaufen.
Diese Emotionalität ist der Bestandteil meines
Schreibstils,
den ich bewusst gewählt habe.

gefühlt, gedacht und geschrieben

von Camron

Gedanken der Gefühle

von

Camron

Bibliografische Information der Deutschen Nationalbibliothek:
Die Deutsche Nationalbibliothek verzeichnet diese Publikation in der Deut-
schen Nationalbibliografie; detaillierte bibliografische Daten sind im Internet
über http://dnb.dnb.de abrufbar.

Illustration: **Werner und Rosina Meier**
weitere Mitwirkende: **Rosina Meier**

Herstellung und Verlag: BoD – Books on Demand, Norderstedt

ISBN: 978-3-7357-2423-6

Verliebt

Liebe,

Liebe beginnt mit einem Lächeln,
Geht weiter mit einem Kuss, der mit Tränen endet!

Liebe ist wie Krieg leicht zu beginnen,
Schwer zu beenden,
Und niemals zu vergessen,
Sowie auch Märchen gehören der Magie.
Und magische Wesen,

Aber das Gefühl,
Das so Zauberhaften ist,
Von dem Magischen,
Unbegrenzten Möglichkeiten und Freiheit
Beginnt eine Liebe, wenn sie weint .....

Der Sonnenuntergang,
der mein Leben verändert hat,
spiegelt sich im Wasser,
unser Glück - war nur für kurze Zeit
dabei hast du mich mit offenen Fragen stehen lassen,
was ist passiert,
um das zu verstehen, fehlt mir nun die Kraft,

.... ich liebe dich..........
das reicht nicht mehr.

Meine Gedanken, die ich nicht mehr einordnen kann,
sind nur noch eine Illusion,
es war Sommer, doch nicht für uns,
dass sich bestätigt hat.

Siehst du dieses Riesenrad auf der anderen Seite,
so hoch waren unsere Pläne,
nun ist es leer geworden.
Wie hintern den Mauern von dieser Ruine.
Du bist ein Bild, dass gelöscht wird.

Der Sonnenuntergang,
der mein Leben verändert hat.

Besondere Liebe

ich rufe oft deinen Namen in die Welt hinaus,
du hörst mich nicht

und jetzt

war das alles unwichtig
mit uns in den 4 Jahre
das einzige was bleibt ist der Schmerz,
ich fühle mich so wie immer
in eine Ecke gedrängt
wo ich nicht mehr raus komme.

Die Katastrophe der Gedanken hat alles durcheinander ge-
bracht
von uns beiden,
dass es keine Garantie für eine Liebe gibt,
ist wie in einen Buch mit ungelesenen Seiten
das man zum Schluss wieder schließen kann
ohne das man es versteht muss

Die Traurigkeit der

besonderen Liebe.

Blind vor Liebe

Es war eine schöne Zeit mit dir,
ich hatte keinen Tag bereut,
auch wenn es jetzt anders gekommen ist,
bleibst du immer meine Liebe die so nah zum greifen war,
aber du wolltest mich nicht, das war sicher an den Tag wo
wir uns begegnet sind.
ich konnte es nicht merken, weil ich blind vor Liebe war,
die nur Dir gehört hatte.

Nimm noch einmal meine Hand und streichele sie zärtlich
so das ich fühle das du noch da bist,
auch wenn ich dich nicht sehen kann,
spüre ich etwas in mir das ich nicht beschreiben kann
die Zeit mit dir.

Das ist mehr wie ein Augenblick,

nicht nein zu sagen,
warten was noch kommen wird,
dass schöne Gefühl,
 überall Dich zu spüren,
umschlungen zu sein,
ohne Worte,
den Hunger nach Zärtlichkeit
zu stillen,
den Hauch von deiner Lei-
denschaft,
nicht verstummen zu lassen,
auf die Liebe warten und
sich in deinen Gedanken zu
verirren.

Das ist mehr wie ein Augen-
blick.

Es gibt keine Ausreden,
mit viel Herz hatte ich dich geliebt
was für Beweise, willst du noch haben.

Drei Jahre war ich ein toller Sieger,
hatte immer den Ton bei dir getroffen,
ohne Probleme dich zu verstehen.

Gänsehaut will ich bekommen,
wenn ich deine Stimme höre,
mich verlieben,
dein Näschen verzaubern mit vielen Küssen,
dir eine Liebeserklärungen machen,
mit Worten die du nie vergessen wirst.

Es gibt keine Ausreden.

Ganz nah, bin ich bei dir,
kannst mich spüren, ich sehe deine Augen,
weil sie sehr hell Leuchten,
würde dabei alle Gesetze überspringen,
vor langer Zeit wollte ich überall mit dir hingehen,
auch wenn es Tage gab die nicht so schön waren,
für uns.
Es waren graue Tage, ich weiß, wie es dir ergangen ist,
doch Liebe ich dich immer noch,
auch deine Worte sind mir nicht fremd.

Ist das alles schon zu spät,
im Traum kann ich fliegen,
doch die Wirklichkeit sieht anders aus,
im Traum bin ich ein Held,
dein Held,
auch wenn du immer zu mir gehalten hast,
und mich aufgefangen,
machte doch viele Fehler.

Ganz nah, wollte ich dir immer sein,
vielleicht war das zu nah, für dich.

Geständnis an dich.

Ich habe Gefühle für dich,
wenn ich an dich denke.

Mein Herz schlägt,
wenn ich dich höre,

Es gibt mir einen Stoß
wenn, ich dich sehe.

Ich habe Gefühle für dich,
wenn ich dich berühre.

Soll ich es dir vorbeibringen,
oder holst du es dir selbst.

Ich bin nicht dein Typ,
sagtest du.
Und doch kannst du ohne mich nicht leben.
Es ist Gewohnheit, dass dich beruhigt,
meine Stimme gibt dir Hoffnung.

-deine Worte-

Wenn du keinen hast, dann kommst du zu mir,
dann meldest du dich,
wenn dir alles über den Kopf wächst.

Es ist komisch, aber ich verstehe dich
auch wenn ich nur ein Lückenfüller bin
für dich,

doch bin ich so dumm
und bleib bei dir.

Mein Denken ist durchschaut
es ist still geworden hier,
verirrte mich in die Fantasie der Liebe.

Was bleibt, ist ein großes Loch,
rede mit mir bevor ich los lasse.

Wollte nur mit diesem Mädchen zusammen sein,
kann deswegen nicht einschlafen.

In meinen Träumen bist du halt da.

Doch es ist vorbei und erlebe neue Gefühle,
sah die Hölle mit dir,
hatte die Scherben aufgeräumt,
endlich kann ich dich los lassen.

Zwischen den Räumen
liegt eine Heimliche Liebe.

Ich schließe die Augen,
beginne zu träumen von einer Unbekannten.

Mit den Wörter
die ich ihr schreiben möchte,
eine CD mit Lovesongs,
die mich zum kuscheln verführen.

Wir träumten von den Sternen,
es ist
als würden wir Blind sein
vor Liebe.

Zwischen den Räumen
liegt eine heimliche Liebe.

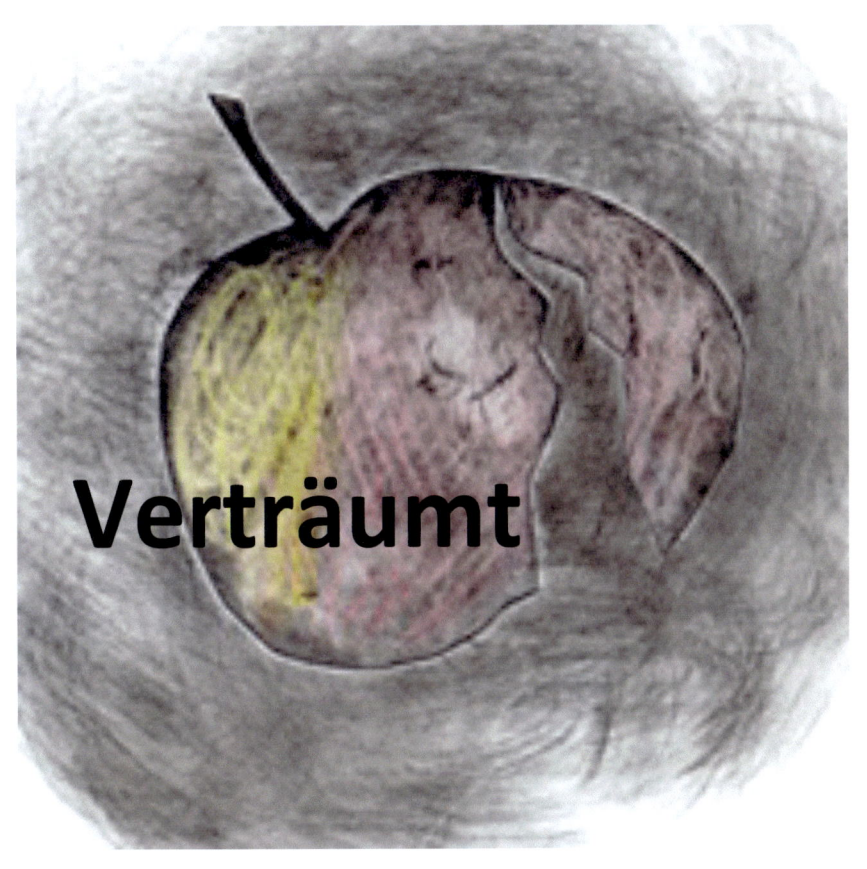

Verträumt

Ich fliege um die ganze Welt, um dich zu suchen.
Will dich noch einmal spüren, ohne dass du mich bemerkst,
auch wenn es keinen Sinn ergibt.

-du-

Deine großen dunklen Augen, die ich nie vergessen kann,
sie schauen mich an,
als würdest du mich verzaubern wollen.

-deine Augen-

Du bist, nichts für eine Nacht, doch wollte ich dein Traum
sein,
ich erfülle dir jeden Wunsch
der voll ist, mit Erinnerungen, unser letztes Lied das du
noch
hören kannst bevor es passiert!

-bleibt ein Traum-

Deine Lippen sind rot, ich muss sie küssen bevor es dämmert, dann muss ich gehen, zurück ins Leben, du kannst nicht mitgehen, bitte vergesse mich nicht und habe keine Angst.

-deine Lippen-

Ich vermisse deine Schönheit doch bleibt mein Herz alleine, da wir verschieden sind. Ich spüre den Morgenduft, nun muss ich gehen, was zurück bleibt, ist die Einsamkeit ohne Leidenschaft.

Du hast schöne Augen,
wie eine Melodie, die ich gerade höre,
fange an zu träumen
nach Liebe, Zärtlichkeit.
Doch der andere Teil,
ist in einem Raum gefangen,
wo es kein Entkommen gibt.
s
Du wirst dich fragen,
was der Idiot von mir will,
gerne würde ich es dir sagen
doch dafür gibt es keine Zeit,
es ist zu spät.

Auch wenn es mich Traurig macht,
vergesse ich nicht
das verlorene Gefühl,
das kalt wo an mir vorbei geht
ohne eine Träne zu weinen,
kein Regentropfen kann mich zurück halten,
auch nicht die Schönheit, eines Regenbogen ´s.

Wichtig ist,
das du diese Worte verstehst
nicht zu fragen,
was ich den nun will.

Es war doch, ein dummer Traum,
von zwei verliebten,
die verschieden sind,
und nicht einander finden.

Heute bist du ein Träumer,
und morgen
der Schönheit verfallen,
wehrlos willst du sein,
dein ganzes Leben möchtest du in Ihren Händen liegen.

Nicht geblendet werden,
du hast es nicht begriffen
was ich meine.

Es ist passiert, was du organisiert hast
war die Entwicklung deiner Liebe,
die uns in ein Loch gezogen hat
wo es keinen Aufschlag gibt
nur den freien Fall,

wo es keine Hand
zum festhalten gibt,
der man vertrauen kann,

du bist ein Träumer.

Ich bin nicht dein Besitz,
dein klagen, bei jedem Satz hat mich in ein
tiefes Loch   geworfen
sage nicht, das du mich liebst,
die Vernunft hat mich wieder auf die richtige Bahn gebracht
und nicht sinnlos zwischen zwei Stühlen stehen gelassen.

Du bist meine Medizin in den Träumen gewesen
wollte der sein,
den es nur für dich gibt,
meine Prinzipien hatten sich zerbrochen,
Liebe und Zuneigung finden keinen halt mehr

jetzt,

weiß ich wo zu es gut war
nicht zu bleiben,
verführerisch und doch kann man dich,
nicht in Worten fassen,
ich hatte Respekt vor dir,
erloschen ist der funke in meinen Herzen.

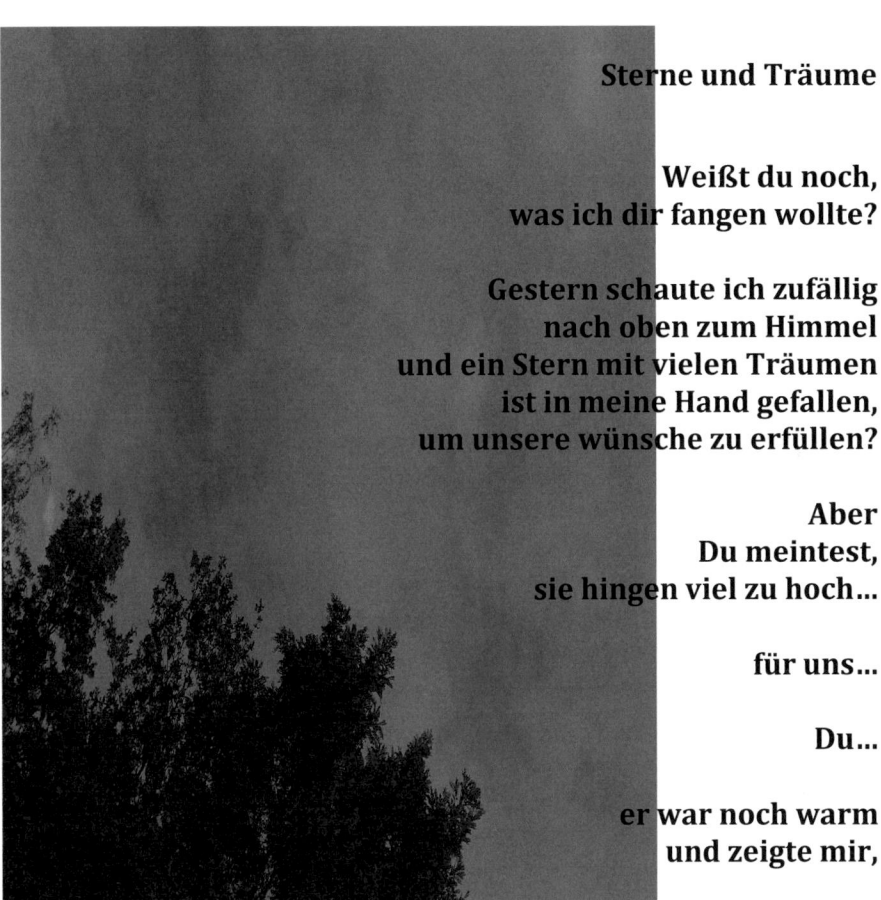

Sterne und Träume

Weißt du noch,
was ich dir fangen wollte?

Gestern schaute ich zufällig
nach oben zum Himmel
und ein Stern mit vielen Träumen
ist in meine Hand gefallen,
um unsere wünsche zu erfüllen?

Aber
Du meintest,
sie hingen viel zu hoch...

für uns...

Du...

er war noch warm
und zeigte mir,

dass nicht alles vielleicht sofort
in Erfüllung gehen kann,

aber irgendwann, wenn wir es wollen,

in den Träumen.

Tausendmal geht das Glück vorbei,
manchmal glaubt man das die Liebe,
für andere da ist,
komisch, dass es nicht immer die Gleichen sind,
frage mich warum.

So ist es auch mit unserer Liebe,
warum muss sie kaputt gehen,
bevor sie angefangen hat,
ist das alles nur ein Traum.

Ich möchte der Stuhl sein, wo du jetzt drauf sitzt,
will dich spüren, und deinen Atem fühlen,
Doch es ist nur ein Stuhl,
der ohne dich ist.

Vergessen

Du hast Tränen in deinen Augen,
das viele Fragen aufwirft.

Dich zu vergessen ist echt nicht einfach,
du bist wie ein Urlaub, in mein Herz,
deine Liebe hat sich verändert,
kann nicht anders, denke nur an dich.

Irgendwann stehst du vor meiner Tür,
was soll ich sagen, wenn es so weit ist,
du bist so schön, wie die Sterne am Himmel,
deine Augen, wenn sie mich anschauen,
bin ich verloren,

Du hast Tränen in den Augen,
das viele Fragen aufwirft.

Ein leeres Blatt erinnert mich nur noch an dich,
du bist kalt wie das Eis
dein Charakterzug ist mies.
Ein Abgrund, dein letzter Schritt
ausgerechnet du warst in meinen Gedanken,
verdammt meine Hände zittern

Ein Fenster das ich offen gelassen habe,
eine Tür die nicht verschlossen war
du hast es mit Lügen zu gemauert.

Leidenschaft, ist bei dir keine Liebe,
du spielst mit Feuer und ohne Gefühl
was hat er,was ich nicht habe?

Einsamkeit...

ich spürte sie,
konnte ich dir nie erklären dass es falsch ist,
was du gedacht hast,
dass du meine Liebe warst,
ich konnte es dir nie richtig zeigen,
du warst für mich meine Prinzessin,
ich konnte es dir nie recht machen,
bei jedem Satz wo ich dir Sehnsucht geschenkt habe.

..war es eine Lüge..

..für dich..

was sollte ich tun,
war der Verzweiflung nah
und doch spürte ich deine Hände
überall,
was hätte ich machen sollen
wenn du da warst,
dann wurde ich verrückt,
und konnte mich nimmer halten
 vor Lust,
wie sollte ich es dir erklären,

Empfinde Enttäuschung,
ein stummes Lachen,
hörte ich,
wenn du verstehst was ich meine,
niemals wirst du vergessen wenn es eine Phase ist,
dein weinendes herz kann man nicht trösten,
der Sommerwind wird die Zeit nie einholen können.

Keiner mehr da,
den du verarschen kannst,
der deine dummen Sprüchen wahr nimmt,
es ist wie als würde das Licht ausgehen.

Du hast mich ignoriert,
ein stummes lachen,
hörte ich.

Heute ist unser Tag, er sollte schön werden,
unvergesslich sollte er sein,
Doch was ist passiert?
Ich reibe mir die Augen, überall ist Staub.

Es ist kein Traum,
du bist weg,
alles ist weg.

Das Haus ist zusammen gebrochen, wo wir gewohnt haben,
ich höre aus den Trümmern, deine Stimme, es ist mein Name.

Dein Duft ist immer noch hier, der Wind hat ihn aufgefangen,
er kommt aus dem Zimmer, doch es ist ohne dich,
es sind nur Trümmer, dass übrig geblieben sind.

Wenn ich, dir jetzt sagen könnte,
Ich liebe dich.
Es ist ein Hauch von Sehnsucht in mir,
weil Du mein Engel, ohne Worte gegangen bist.

Auch wenn es eine verbotene Liebe war,
du warst meine Träne die ich nie verlieren wollte,
doch bin ich jetzt alleine, ich suche vergebens nach deiner Liebe.

Warum ist das passiert, war es Verzweiflung ohne Sinn,
deine Stimme aus den Trümmern, ist nicht mehr zu hören,

wo bist Du jetzt……….. hin .

Mein kleiner unsichtbarer Engel,

deine Augen, sind wie die letzten Sterne am Himmel,
ich halte die letzten Tränen in meiner Hand fest,
für dieses Gefühl gibt es keine Beschreibung.
Ich möchte zu dir fliegen,
ich spüre das Gefühl, was mit mir passiert,
möchte das alles noch mal erleben - dich erleben,
wie ist meine Zukunft,
wenn du doch da wärst, würde ich es wissen,
du wusstest immer was zu tun ist,
wenn es mir schlecht gegangen ist.

Mein unsichtbarer Engel,
bin zerbrochen an deiner Liebe, nichts kann mich halten,
auch keine Worte,
es ist wie ein Winter ohne Schnee, ich will dich umarmen
doch
wo bist du, wie lange soll ich das noch durch stehen,
verrückt deine Nähe zu spüren,
obwohl du nicht da bist,
was mir Überich bleibt ist mein Leben.

Ich lese deine Briefe, tausendmal immer wieder,
aber kann nichts finden,
ich glaube die Zeit wird vergehen dann werde ich neue
Kraft bekommen,
auch wenn die Räume leer sind, sind sie gefüllt mit deiner
Schönheit.

Mein kleiner unsichtbarer Engel

Nun bin ich da, wo ich nie sein wollte,
in einer verlorene Welt,
die keinen Sinn mehr hat

und doch
muss es weiter gehen
auch ohne dich.

Deine Worte sind wie,
ein leerer Raum,
wenn ich an deine Tränen denke
kann mir auch die Melodie nicht helfen,
zu vergessen was war,

deine Tränen aus Gold
die du weinst.

Du bist mein Leben.
Doch was nützt es mir,
wenn es nur im Glanz der Tränen ist.

Vergesse nicht,
meine Türen bleiben offen

für dich.

Tränen aus Gold

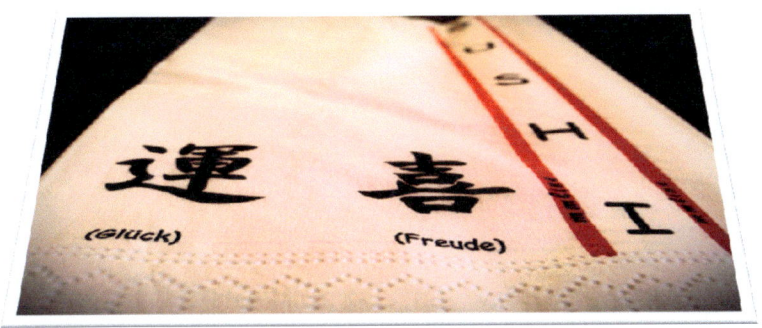

Ohne dich

wie soll es weiter gehen
nie mehr lachen
ein neues Lächeln suchen,

warten bis ein Zeichen kommt von dir,
du willst mir alles bieten
und schickst mich weg,
weil ich dich störe.

Wenn du mich geliebt hättest,
dann würdest du es anders machen
und nicht so denken.
Waren deine Gefühle eine Lüge,
ein Spiel,
das nun zu ende ist?

Doch frage ich mich,
wie soll es weiter gehen

ohne dich.

Siehst du mich.
Dass ich traurig auf der Parkbank sitze,
wie ich weine
ohne ein Wort zusagen,
gehst du an mir vorbei.

Warum bleibst du nicht stehen

-Warum-

gehst du weiter ohne nach mir zuschauen,
möchtest du meine Blicke ausweichen.

Doch werde ich allen Mut zusammen nehmen,
und dich weiter ziehen lassen.

Tränen für die Nacht
Die verloren gegangen sind
eines Tages wirst du es verstehen

ohne dich zu leben
ohne dich zu lieben
ohne dich zu weinen

versteckst dein Gesicht
klare Worte fassen
bevor die Nacht mit den Tränen
zu Ende geht.

Wieder stehe ich am Fenster,
es ist Abend geworden.
Der Wind heult durch die Bäume,
dabei schneit es und ich bilde mir ein,
deine Stimme zu erkennen.

Schnell laufe ich raus,
die Schneeflocken lassen sich wie verrückt
auf mein Gesicht sanft nieder.
Es fühlt sich an,
als wären es deine Finger, die mich streicheln.

Ich dreh mich um,
doch nichts,
und muss erkennen, dass meine Fantasie
mir einen Streich gespielt hat.

Mit einem tiefen Seufzen geht es wieder
zurück ans Fenster,
wie jeden Tag,
Und dabei bin ich immer im Gedanken,
bei dir.

Wenn sich dein Herz öffnet,
von Tränen überflutet wird,
und nicht immer eine Antwort findet,
und doch
einfach weiter macht
obwohl man weiß,
dass es nichts bringen wird.

-Sorry-

Ich habe vergessen das es eine andere Zeit,
in deinen Herzen
gibt.

Vergangenheit

Ach, mein kleiner Engel,
ich spüre alles an dir,
deine zärtlichen Lippen, wer kann da wieder stehen,
ich habe dich nicht vergessen,
meine Gedanken, sind immer bei dir,
dich zu lieben.
Auch wenn du mich nicht siehst,
ohne dich,
ist es leer in meinen Leben,
habe nicht viel Zeit gehabt,
mit dir zu Kuscheln,
doch bedeutet es mir, sehr viel.
Das du bei mir warst.

Ausbrechen,
will ich,
einfach nur weg,
meine letzte SMS war nur für dich,
ob du sie bekommen hast,
weiß ich nicht,
ob du sie verstanden hast,
keine Ahnung.

Um dich wieder zu finden,
vielleicht ist es diese Brücke,
die mich zu dir führen wird,
das hin und her hat alles kaputt gemacht,
meine Tränen die mich trösten,
ist wie das brennende Herz am Himmel,

Nun ist es mein Stolz, alleine weiter zu machen.
bin noch nicht am Ende der Reise,
die Sehnsucht muss gestillt werden.
Ich glaube immer an dich,
und doch bleibt alles offen, zwischen uns;

Ich will einfach nur weg, von hier.

Der Moment,
wo die Sehnsucht
voll mit Schmerz übertröpfelt wird,
im Herzen, wo die Dinge nicht so laufen,
wie man es gerne hätte.

Der Reichtum war unbezahlbar mit dir,
vielleicht bist du das Paradies gewesen,
spannend und glücklich,
auch sinnlich, verführerisch und vergesslich,
das bist du.

Auch wenn es Liebe sein sollte.
ist sie verloren,

kann nicht sein
deine Entscheidung war, das du gehst,

das für immer.

Der vergangene Tag,
wo es kein zurück gibt.

Ein Sommernachtstraum ohne dich,

ist wie,

eine Liebe ohne Feuer,

denke oft an dich,

wenn ich den Sonnenuntergang an schaue,

manchmal werde ich Traurig dabei,

an diesen Abend wo du gegangen bist,

wo ich wusste,

dass ich jetzt platz machen musste

für deine Liebe,

doch die Zeit ist stehen geblieben für mich.

Ich habe dein Bild wieder entdeckt,
es kribbelt in mir,
und doch ist es sinnlos darüber nach zu denken,
eine Liebe ohne Feuer,
Ein Sommer ohne dich
ist, wie eine Melodie ohne Text.

Vermisse dein Lachen,
dein Weinen,
deine Stimme,
doch der Sommer geht nun langsam zu Ende,
wie das Feuer vom Sommernachtstraum.

Eine Träne, aus deinen funkelten Augen,

geht auf Reisen,

keiner kann sie festhalten,

da sie unersetzlich ist, ohne dich.

Wenn du so weiter machst, wirst du viel verlieren,

nicht nur mich, du lässt dir nicht helfen, weil du deinen eigenen Kopf hast.

Er wird dich nicht weiter bringen, dass Leben ist sehr hart und deine Ausraster bleiben auf der Strecke,

wo soll ich dich den hin bringen,

wenn du dir nicht Helfen lässt,

irgendwann gibt es keine Sonne mehr für dich,

und dann was soll ich dann tun,

warten auf bessere Zeiten, verstehe mich doch,

will dich nicht verlieren,

aber du gleitest mir aus meinen Händen.

Dein Schicksal ist auch meins,

wir verirren uns beide in den Wolken der Liebe.

Einfach ohne dich zu leben.
warum bleibt die Uhr des Lebens
nicht stehen,
dann hätten wir viel Zeit bevor wir
wieder erwachen.
Der Weg den wir gegangen sind
kommt nur einmal im Leben vor.
Wenn ich auf die Uhr schaue und die Zeiger beobachte,
dann glaube ich
sie rennen gegen mich.
Einfach ohne dich zu leben.

Erinnerst du dich an die letzte Nacht,

gemeinsam haben wir uns geschrieben,

erinnerst du dich.

Ich will mehr als nur eine Nacht, dir schreiben,

was hast du bloß mit mir gemacht,

ich kann nicht mehr klar denken,

wie gibt es das.

Deine Nähe zu spüren,

dich zu berühren,

du bedeutest mir unheimlich viel,

doch die letzte Nacht wird immer in Erinnerung bleiben.

Eine schwarze Wolke zieht auf in mir,

du hast ein großes Loch, in meinen Herzen gebohrt,

das nun leer und voller Sehnsucht ist,

da es einen anderen für dich gibt,

du hast nur noch Augen für ihn.

Dann sag es mir und ich stelle es ab,

das Gefühl als würde ich dir die Luft zum atmen nehmen,

es ist eine bewundernswerte Katastrophe,

sonst hätte ich dich nicht kennengelernt

vielleicht ein Wunder in meinem Leben,

und ich kann dagegen nichts machen.

Es ist einfach zu sagen,

ich gehe,

es ist einfach zu sagen,

du willst nicht mehr,

und doch war die Hoffnung immer da,

dass es mehr wird,

du musst doch dass gefühlt bemerkt haben,

wieso verstehst du es nicht,

auch wenn es im Herzen brennen, vor Sehnsucht.

das war ein dummer Fehler, von mir.

Doch deine Worte waren deutlich, und direkt.

Nur schade dass es so kurz war.

Aber deine Augen haben mich verzaubert,

darum will ich dass die Zeit stehen bleibt,

für uns Zwei.

Dass unsere Liebe nie vergeht,

doch ein dummer Fehler hat alles kaputt gemacht,

der nicht verzeih bar ist.

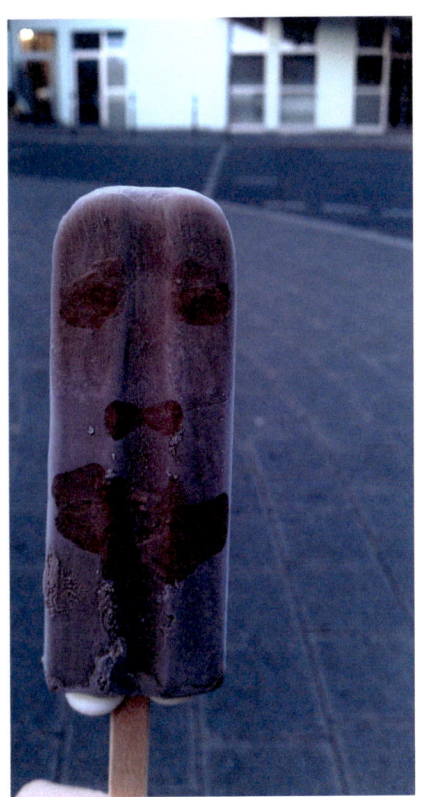

Es ist einfach zu sagen, ich gehe,

es ist Zeit geworden, hier ist unsere Liebe zu Ende,

was bleibt ist die Sehnsucht und die Träume,

nun gehe ich, meinen Weg alleine,

habe keine andere Wahl,

kann nur dich bitten,

verzeih mir.

War nur ein Flirt mit einem Mädchen,

Du spielst aber mit meinen Gefühlen und sagtest,

Du liebst mich.

Ich rufe dich an,

sagtest du

„Hahaha" wann??

Doch für dich stand wohl da schon fest,

dass du mich nur verarschen willst,

das es eine Lügengeschichte wird

für dich.

Wie naiv und dumm ich war –

Ich hätte mir gleich denken können,

aber ich glaubte dir trotzdem

für dich war es nur ein Spiel,

aber für mich war es ernst.

Ich versuche, dich aus meinem Kopf zu streichen,

doch es gelingt mir nicht,

noch nicht.

Worte...

die einen neuen Anfang bedeuten können,

auch wenn es eine verspielte Liebe ist,

kein Herz wird einfach so verschenkt.

Deine Einbildung werde ich nicht wollen,

sie streicheln jetzt einen anderen.

Es brennen Kerzen für uns und doch bin ich alleine,

das Kerzenlicht leuchtet im Spiegel wo ein Bild hängt.

 Werde schwach vor Sehnsucht denke an deinen knacki-
gen.

Hintern, weißt du, noch was ich immer zu dir gesagt ha-
be,

du machst mich verrückt mit deinem Lachen.

Jedes Mal war ich ganz schön Wild nach dir,

weißt du noch, wenn ich dich überall gestreichelt habe,

und du es mit allen Zügen genossen hast,

das war Liebe, verlangen,

doch was ist verloren gegangen haben wir uns wirklich auseinander gelebt,

sind wir uns fremd geworden,

was ist passiert, wie kann so was entstehen.

Verzaubertes Kätzchen

Du schaust mich an,
versuchst mir was mitzuteilen,
ich kann es aus deinen Augen lesen.

Du bist glücklich,
und zeigst mir durch dein Schnurren.
Das du mich liebst ...

Ich schenke dir mein Herz,
meine Gefühle sie gehören nur Dir,
mein kleines Verzaubertes Kätzchen.